Gefährliche Strömungen

HANS UND IRMGARD DIETZEL

Gefährliche

Strömungen

Bibliografische Information der Deutschen Nationalbibliothek
Die Deutsche Nationalbibliothek verzeichnet diese Publikation
in der Deutschen Nationalbibliografie; detaillierte bibliografi-
sche Daten sind im Internet über http://dnb.d-nb.de abrufbar.

Umschlagdesign, Satz, Herstellung und Verlag:
BoD - Books on Demand, Norderstedt

ISBN 978-3-7578-7080-5

Inhalt

Neujahrsmorgen 2023

Unsere Silvesternacht

Sinnend sitzen wir – Hans und ich – beglückt über die Silvester-
feier in der Kirchgemeinde.
Zunächst eine Andacht zum Jahresausklang. Anschließendes
Zusammensein bei Kaffee, Tee, Glühwein und allerhand Leckerei …
Fröhlichkeit, Hände schütteln, Umarmungen nach der Zeit der
Pandemie, beste Wünsche für jeden.

Ab 23 Uhr wieder daheim.
Ein langes Dankgebet an unseren Vater im Himmel für allen
Beistand im alten Jahr. Nein, topfit sind wir in unserem Alter
nicht mehr, unsere Tochter mit ihrem autistischen Syndrom
schon gar nicht.

Ab 24 Uhr auf der Terrasse.
Kaminfeuer. Leises Plätschern des Wassers der Pulsnitz dicht
vor unserem Haus. Wohltuendes Glockengeläut, unterbrochen
durch Feuerwerk aus Nachbarhöfen, welches farbenfrohe Bilder
an den Himmel zaubert.
Danach – Stille.
Das neue Jahr! Es ist schon da! Wie wird es werden?
Zum Eingewöhnen etwas Besinnliches. Bachs Air von CD. Da-
nach Tanz wie seit etwa dreißig Jahren.
Zu sechst viele, viele Jahre hindurch – heute nur noch wir zwei.
Alle anderen bereits verstorben.

Griechische, arabische, südafrikanische Rhythmen. Werden wir
das hinbekommen mit all unseren Schwachstellen?
Die hellen, züngelnden Flammen des Kaminfeuers erwärmen
und ermutigen uns. Es klappt. Mehr als zwei Stunden bewegen
wir uns nonstop, dazwischen ein kühlendes Schlückchen Sekt.

Wir erinnern uns

Erstmals schwitzten wir bei unserem Silvestertanz am Ufer der Pulsnitz. Kein Wunder! Außentemperatur um plus 20 Grad. Zur gleichen Zeit in New York bis zu 48 Grad minus. Dazu Schnee, Schnee, Schnee. Noch nie dagewesen! Was ist los mit unserer lieben Erde und ihren etwa acht Milliarden Bewohnern, die darauf ihr Glück suchen. Jeder Einzelne trägt dazu bei, unseren Planeten auszumergeln, jeder auf seine Art, ohne es wahrzunehmen.

Doch die Natur rächt sich.

Eisschmelze an den Polen. Tiere wie Eisbären verlieren ihren natürlichen Lebensraum. Wie lange noch werden Lebewesen dort existieren können?

Überschwemmungen erschreckenden Ausmaßes auf allen Kontinenten rund um den Globus. Auch in Europa, denken wir nur an die zerstörerischen Fluten im Ahrtal.

Sengende Hitze. Heiße Sommer mit zu wenig Niederschlägen. In Mitteleuropa – Waldsterben. Nadelwälder, als hätte ein Krieg in ihnen getobt. Stattlich hochgewachsene Kiefern – umgefallen.

Unterholz – leblos. Moose wie ausgetrocknete Schwämme.

Schlimmer in Afrika. Fruchtbare Erde in großem Ausmaß in harten, verkrusteten Boden verwandelt, auf dem nichts mehr gedeihen kann. Wovon sollen sich die Menschen ernähren? In Scharen verlassen sie ihr Land, ihre Heimat, Traditionen, Familien und Freunde, wobei sie widerliche Strapazen auf sich nehmen und viele ihr Leben lassen müssen.

Folge: Entwurzelung. Heimatlosigkeit.

Folge: Leere. Ausgedorrte Seelen.

Folge: Gleichgültigkeit. Frustration.

Voller Dankbarkeit wird uns bewusst, dass wir im Gegensatz zu vielen anderen die Gnade hatten, solch eine wunderbar umfriedete, rundum erfüllte Silvesternacht erleben zu dürfen.

Seit Jahren sind Menschen aus Katastrophengebieten millionenfach auf der Flucht, leben unter primitivsten Bedingungen, menschenunwürdig oft, ohne Hoffnung wohin.

Was für eine Generation wächst da heran?

Entwurzelt!

Ausgebrannt!

Ziellos!

Wir hören die ersten Nachrichten dieses neuen Jahres im Radio.

Erschütternd!

Ereignisse der vergangenen Nacht, die uns tief ergreifen. Nicht zu fassen!

Wie bereits am Heiligen Abend so auch in der Silvesternacht! Russische Raketen- und Drohnenangriffe auf weite Teile der Ukraine. Auch Kiew bleibt nicht verschont.

Was für ein Beginn des Jahres 2023.

Menschen in Angst und Schrecken zusammengepfercht in feuchten Kellerlöchern, eiskalten U-Bahn-Schächten.

Tote auf den Straßen.

Wie lange noch?

Ukraine! Sofort läuft ein neuer Film über das schlimmste Ereignis in Europa im Jahre 2022.

Krieg – Russland/Ukraine

24. Februar 2022. Europas Herzen drohen stillzustehen. Entsetzen weltweit. Russland verkündet eine »Spezialoperation« gegen die Ukraine zwecks »Entnazifizierung«.

75 Jahre lang kein Krieg dieses Ausmaßes auf europäischem Boden. Nun alle Formen eines erbitterten Krieges in vollem Gange. Bombardements. Tote. Fluchtwelle.

Massaker in Butscha, einer Kleinstadt in der Nähe Kiews, wo sich die russische Soldateska ausgetobt hat. Massengräber mit Zivilisten, geknebelt, gefesselt, gefoltert, vergewaltigt. Hungernde, Frierende, Verängstigte in Kellern, U-Bahn-Schächten ohne Wasser, Strom, ausreichend Nahrung. Entbehrungen aller Art! Auch Krankenhäuser, Schulen und Kindergärten bleiben nicht verschont.

Menschen, von einem zum anderen Tag aus einem wohlbehüteten Leben in ein Nichts gestoßen.

Alte, durch lange Arbeitsjahre hindurch ein kleines Paradies geschaffen. Nun alles verloren! Bar jeglicher Hoffnung!

Hunderttausende auf der Flucht.

Große Hilfsbereitschaft in Nachbarländern und darüber hinaus. Frauen ohne Männer. Kinder ohne Väter.

Menschen, Heimat und damit alles, was ihnen lieb und teuer war, abrupt zurückgelassen.

Die kleine Ukraine ist fest entschlossen, dem großen Russland die Stirn zu bieten, bis zum letzten Blutstropfen zu kämpfen.

Welcher Mensch mit Herz und Hirn lässt so etwas zu?

Tränen, Bitternis unzähliger Leidtragender!

Die Würde eines jeden Betroffenen – geschändet!

Viele Menschen in Russland scheinen zuzuschauen.

Vertrauen sie Putin?
Geschieht es aus Gleichgültigkeit, Lauheit?
Angst vor Repressalien?
Eine russische Exilschriftstellerin schreibt in einem Zeitungsartikel, dass sie sich weniger vor Gewalt, Festnahme und U-Haft in ihrer russischen Heimat fürchte als vor der Gleichgültigkeit, die sie in ihrem Vaterland erwarten könnte. Das Schlimmste sei für sie, dass viele stillschweigend diesen Krieg zulassen. Nicht einmal das Wort »Krieg« darf ausgesprochen werden.

Inzwischen hat sich jedoch manches verändert.
Auch Russland hat Tote zu beklagen.
Tränen über Tränen auf beiden Seiten.

Schlussfolgerungen:
So sitzen wir zwei am Neujahrsmorgen zusammen, lassen das Jahr 2022 noch einmal an uns vorüberziehen.
Der Krieg verändert auch unser Leben spürbar. Das kleine Land Ukraine muss unterstützt werden. Das bedeutet für uns – Inflation in vielerlei Hinsicht.
Sanktionen gegen Russland, den Aggressor. Kein Gas mehr von dort, das wir zurzeit noch bitter nötig hätten.
Woher genügend Energie?
Angst vor Stromausfällen.
Veränderungen verursachen Beunruhigungen.
Probleme über Probleme in unserem Land.

Bedrohliche Randale

Beängstigende Meldungen aus der Silvesternacht. Krawalle von noch nie dagewesenem Ausmaß!
Brennende Autos, Busse, sogar Häuser.
Ungezügelte Zerstörungswut! Brutale Aggressionen!
Polizisten, Rettungskräfte, Feuerwehrleute werden beschimpft, mit Feuerwerkskörpern verletzt, bei ihrer Arbeit behindert.
Silvester – eine Nacht schlimmster Krawalle, so wird vor allem von großen Städten wie Hamburg und Berlin berichtet.
Hunderte Randalierer wurden festgenommen.
Unglaubliche Rücksichtslosigkeit! Das zeichnet alle Festgenommenen aus.
Wer macht so etwas? Was für Menschen sind das?
Migranten!!!
Schnell wird dieser Ruf von vielen Seiten laut.
Wird ihnen nicht alles in den Hintern geblasen?
Geht es ihnen nicht gut genug bei uns? Sollten sie nicht dankbar sein für die großzügige Hilfsbereitschaft, die ihnen in unserem Lande zuteilwird?
Ja! Das sollten sie! Dazu aber eine Gegenfrage:
Ist vielleicht bei der Integration dieser Randalierer aus dem Milieu der Migranten einiges schiefgelaufen? Glaubt man, im Eiltempo bei solch einem komplexen Prozess alle zu erreichen?
Fragt aber auch einer danach, ob diesen Heimatlosen, Entwurzelten in der neuen Umgebung bereits wieder Wurzeln wachsen konnten?

Randalierer

Migranten – viele gibt es bei uns, es werden täglich mehr. Aus verschiedenen Kontinenten der Erde kommen sie, freiwillig oder gezwungenermaßen. Allen gemeinsam: Verlust der Heimat. Wurzeln, gewachsen von Kind an in einem vertrauten familiären Umfeld wie auch einem speziellen religiösen und geografischen Milieu. Heimat! Plötzlich weggeschnitten alles, was das bisherige Leben ausmachte. Wie, wo kann wieder etwas wachsen, das sich wie Heimat anfühlt, das Herz erwärmt, das Hirn mit guten Gedanken füllt, die auch Tat werden wollen. Ein Prozess – nicht von heute auf morgen möglich.

Der Mensch lebt nicht vom Brot allein. So steht es in der Bibel. Das stimmt. Brot ist wichtig, aber es reicht nicht! Bei uns bekommt jeder das Lebensnotwendige, aber das Herz bleibt leer. Was sammelt sich dann in den Hirnen? Frust. Gleichgültigkeit. Leere, gepaart mit Hoffnungslosigkeit. Dieses gebündelt kann zügellose Aggressivität erzeugen.

Dennoch – Randalierer, nicht nur Migranten! Unter ihnen auch Menschen unseres Landes, deutsche Bürger!

Was bedeutet uns Silvester?
Silvester in Deutschland: Freude und Dankbarkeit im Rückblick auf das vergangene Jahr.
Fröhliches Beisammensein mit Freunden und Bekannten. Ausgelassenes, buntes Feiern, Glockengeläut, Feuerwerk. So sollte es sein!
Was wurde daraus? Wo bleibt Dankbarkeit dafür, dass wir im Gegensatz zu vielen anderen relativ gut durch das vergangene Jahr gekommen sind?

Pandemie

Ein einschneidendes Phänomen unserer Zeit!
Covid-19 = Corona-Virus-Disease-2019.
Ein winziger Virus haust rund um den Globus.
Shutdown – Lockdown.
Sie bestimmten das Leben auch für Menschen unseres Landes,
das Leben der letzten Jahre. Plötzlich alles anders! Restriktionen
auf allen Gebieten, vielartig, umfassend!
Kontaktsperren! Isolation bis hin zur Vereinsamung.
Maskenpflicht für alle in öffentlichen Räumen wie Arztpraxen,
Einkaufsstätten, Arbeitsräumen und öffentlichen Verkehrs-
mitteln. Mund-Nasen-Masken bedeuten eine 2/3-Gesichtsein-
schränkung, wodurch emotionale Kommunikation nicht mehr
möglich ist.
Auswirkungen:
Die Wirtschaft im Sturzflug.
Lieferketten zerreißen.
Ganze Betriebszweige wie Restaurants – geschlossen.
Kultur weitestgehend tot.
Kindergärten und Schulen dicht gemacht.
Einschränkungen, Beschränkungen auf allen Gebieten mensch-
lichen Zusammenlebens.
Äußerung der Bundeskanzlerin: »Pandemie – eine demokra-
tische Zumutung!«

Digitalisierung

Was ergab sich aus den plötzlich auftretenden Problemen der Pandemie?

Eine zunehmende Digitalisierung wurde in Deutschland dringend erforderlich!

Home-Office – Arbeit aller Schattierungen per Tablet.

Home-Training – Erlernen von Skypen (Telefonieren per Internet) wie auch Erwerb bestimmter Dinge des Alltags per Online-Einkauf in Supermärkten.

Home-Schooling – Austausch von Informationen zwischen Lehrern und Schülern per Internet.

Nachteile, die daraus erwachsen.

Es fehlt die menschliche Begegnung durch Mimik, Gestik, Körpersprache, die für den Prozess des Lernens von großer Bedeutung ist.

Auch Vorteile haben sich daraus ergeben.

Im Rückenwind der Pandemie kam Deutschland in der digitalen Transformation nach vorn.

Ursachen für die Silvesterrandale

Die Ursachen für das Verhalten der Migranten in der Silvesternacht wurden bereits erörtert.

Heimatverlust. Fehlende tiefgreifende Integration, beginnend bei Verständigungsproblemen. Unzufriedenheit trotz relativ guter materieller Versorgung erzeugt geballte Aggressivität, die sich in prekären Situationen entlädt. Hinzu kommt die laxe Behandlung derartiger Straftaten durch die staatlichen Organe in der Vergangenheit.

Warum treten Deutsche ohne Migrationshintergrund zerstörerisch wie auch rücksichtslos ihren Mitmenschen gegenüber auf? Welche Hintergründe spielen hier eine maßgebliche Rolle? Was für Verhaltensdefizite hinterließ die Pandemie?

Maskierte Menschen könnten in bestimmten Situationen schneller gefühllos gegenüber anderen handeln.

Home-Office, -Training, -Schooling.

Sehr wichtig, um Menschen in Zeiten der Pandemie nicht auf der Strecke zu lassen. Jedoch lebt die gesamte Familie rund um die Uhr auf kleinstem Raum zusammen. Ein Novum! Vollkommen ungewohnt. Probleme über Probleme. Beziehungen, Familien, Ehen brechen auseinander und erzeugen ungewohntes Single-Dasein. Zurück bleiben Gefühle wie Heimatlosigkeit, Leere, Gleichgültigkeit, die oft in Depressionen, Frustration, Aggression münden.

Silvesternacht – entsetzliche Vorkommnisse!

Warum gerade jetzt?
Lockerten sich doch die Blockaden im Halbjahr 2022 merklich.
Virusbestimmtes Leben weitestgehend vorbei!
Wir dürfen sogar große, fröhliche Partys feiern im Kreis von Familien, Freunden, Bekannten.
Warum arteten Silvester die Zusammenkünfte vielerorts so bösartig aus?
Wahrhaftig – eine schwierige Frage!
Alles ist vielschichtig, so auch die Ursachen dieses Ereignisses.
Wer entblättert die Schichten?

Was könnte allen Teilnehmern solcher furchtbaren Ausschreitungen gemeinsam sein?
Ist es eine Entwurzelung, die Gefühle absterben ließ?
Wodurch werden Menschen entwurzelt?
Durch abruptes Abschneiden, Ausreißen?
Durch Vergiftung, allmähliches Verdorren?

Um solch einem Prozess in unserer Gesellschaft Einhalt zu gebieten, sollte ernsthaft vor Entwurzelung, Gleichgültigkeit, Leere gewarnt werden!

Entwurzelung

Verwurzelung/Entwurzelung

Die Entwurzelung ist bei weitem die gefährlichste Krankheit der menschlichen Gesellschaft.

Simone Weil

Die Verwurzelung ist vielleicht das wichtigste und meist verkannte Bedürfnis der menschlichen Seele.

Simone Weil

Wer entwurzelt ist, entwurzelt.
Wer verwurzelt ist, entwurzelt nicht.

Simone Weil

Ein Gift, welches die Krankheit der Entwurzelung verbreitet, ist das Geld.
Überall, wo das Geld eindringt, zerstört es Wurzeln, indem es alle anderen Triebkräfte durch das Verlangen nach Bereicherung ersetzt.
Nichts ist so klar und so einfach wie eine Zahl.

Simone Weil

Simone Weil

Die fünfziger Jahre des zwanzigsten Jahrhunderts.
Deutschland – geteilt in BRD und DDR.
Ostberlin – Hauptstadt der DDR.

Wir, Hans und ich, lebten in dieser Zeit als junge Lehrer, ausgebildet für die Fächer Chemie und Biologie, im ländlichen Raum nahe Berlin.

Nach dem schlimmen Krieg, den entbehrungsreichen Nachkriegsjahren nun ein hoffnungsvoller Aufschwung auf vielen Gebieten, vor allem in der Hauptstadt. Wir nutzten jede freie Minute, um dort so viel wie möglich miterleben zu dürfen. Staatsoper, Komische Oper, Berliner Ensemble, Deutsches Theater etc. Wir ließen kaum etwas aus, auch die Museen nicht.

Dabei stießen wir auf den Namen »Simone Weil« und den Begriff »Entwurzelung«.
Jahrzehntelang lagen die Aussagen dieser außergewöhnlichen Frau bei uns brach. Im Zusammenhang mit den Krawallen in der Silvesternacht 2022/23 wurden sie wieder präsent, als wir nach den Ursachen fragten.

Simone Weil lebte von 1909 bis 1943.
Sie wurde als Tochter einer Pariser Arztfamilie jüdischer Abstammung geboren und verstarb in Ashford/England.
Sie studierte zunächst Philosophie und wurde Gymnasiallehrerin.
Seit früher Jugend war sie gesellschaftlich, politisch und sozialpolitisch stark engagiert.
Als französische Philosophin, Dozentin, Sozialrevolutionärin jü-

discher Abstammung korrespondierte sie mit vielen berühmten Menschen aller Schattierungen ihrer Zeit und hinterließ zahlreiche Schriftstücke wie Briefe, Broschüren etc.

Während der kurzen Lebenszeit dieser überaus intelligenten, sensiblen Frau fand der Erste Weltkrieg statt, der Zweite Weltkrieg in vollem Gange.

Geschundenes Menschendasein, zerrissene Familie, gefolterte und verkrüppelte Körper.

Tote in Massengräbern. Gaskammern.

Hunger. Kälte. Leid im Übermaß. Ruinen.

Verbrannte Erde – einst Heimat!

Entwurzelte Menschen – europaweit!

Simone Weil schlussfolgert:

Entwurzelung – äußerst gefährlich!

Simone Weil wurde erst nach ihrem Tode berühmt.

Seither sind mehr als 5.000 wissenschaftliche Arbeiten, Essays weltweit bekannt.

Wurzeln im Pflanzenreich

Ein Baum

Seine Haut, das ist die Rinde,
sein Haupt und Haar
sind die Wurzeln. Es hat
seine Figur und Zeichen,
seine Sinne, seine Empfindlichkeit
im Stamme.

Paracelsus,
Theophrastus Bombastus von Hohenstein
1493–1541
Arzt, Naturforscher, Philosoph
Wegbereiter der modernen Medizin

Unsere Esche vorm Haus

Die Esche, Fraximus excelsior, ist in ganz Europa heimisch, kann bis zu 40 m hoch werden und gehört damit zu den größten Laubbäumen hier. Gemäß der nordischen Mythologie stützt sie mit ihrer mächtigen Krone das Himmelsgewölbe und umspannt mit ihren Ästen den ganzen Himmel. Ihre Wurzeln reichen bis zu drei Quellen.

Unsere Esche steht 5 m von der Vorderfront des Wohnhauses entfernt. Sie ist etwa 200 Jahre alt. Ihre Höhe beträgt mindestens 20 m.
Ein echtes Wahrzeichen unseres Dorfes.
Riesig – dieser stattliche Baum mit dem kompakten Stamm, der in stabile Äste mündet, die ein üppiges Zweigwerk mit kräftigem Laub tragen, das dachartig direkt zum Himmel wächst und den darunter Stehenden Schutz und Schirm bietet.

Ein Kindheitserlebnis werde ich mein Leben lang nicht vergessen.
1944. Ich damals ein zehnjähriges Mädchen. Fliegeralarm an der Tagesordnung. Ziel der angloamerikanischen Bomber: Brabag, 14 km von unserem Wohnort entfernt. Dort wurden nach dem Fischer-Tropsch-Verfahren aus Braunkohle Treibstoffe gewonnen, dringend an der Front benötigt.

An jenem Tage – wieder einmal Fliegeralarm. Wie gewöhnlich versammelte sich schnell die gesamte Familie unter der Esche. Sie war damals noch viel niedriger, aber unter ihrer dichten Krone fühlten wir uns sicher. Mein Vater, ein Schmied, hatte Kundschaft.
Alles eilte flugs unter den Baum.

Die Flugzeuge blitzten wie Silber am sonnigen Himmel. Wie ein Schwarm exotischer Vögel im Formationsflug kreisten sie über uns und suchten unentwegt die bewusste Fabrik, die aber schon längst in Nebelschwaden eingehüllt war.

Urplötzlich! Ein Riesenknall! Alles rennt blitzartig davon. Stille. Zitternd, zähneklappernd finde ich mich in der finstersten Ecke unseres Kellers wieder. Ich lebe noch! Vorsichtig wage ich es, einen scheuen Blick nach draußen zu werfen. Da stehen schon einige, aufgeregt gestikulierend. Langsam traue auch ich mich aus dem Versteck.

Was war das denn?

Nahe unseres Dorfes war die Bombe explodiert und hatte auf einem Feld einen tiefen Krater hinterlassen. Offensichtlich eine verlorene Bombe. Noch nach dem Krieg pilgerten Leute dorthin, um das Relikt zu besichtigen.

Heute nun, mehr als 75 Jahre später, unsere Esche vorm Haus – eine imposante Erscheinung!

Diese enorme Höhe! Solch eine majestätische Krone!

Aber ohne den Halt und Schutz, den die Wurzeln dem Baum geben, könnte ihn bereits ein leiser Windhauch umwerfen. Was für Stürme musste er in seiner 200-jährigen Lebenszeit bereits überstehen!

Noch immer hält er allen Wetterkapriolen stand.

Wie unvorstellbar riesig das Wurzelwerk unseres Baumes unter der Erde? Nach Paracelsus sind die Wurzeln das Haupt, das allen überirdischen Gebilden die Nährstoffe für ihren Aufbau liefert. Enorm allein der Bedarf, um jedes Frühjahr ein neues Blätterdach wachsen zu lassen. Doch die Wurzeln unserer Esche haben tatsächlich Kontakt zu drei Wasserquellen – einem Bächlein, dem Flüsschen Pulsnitz und einer Wasserader.

Entwurzelung unserer Esche!

Das wäre nur unter Einsatz schwerer Technik möglich.

Dennoch findet in jüngster Zeit ein massives Baumsterben statt, vor allem in Nadelwäldern.

Kiefern, rank und schlank und hoch gewachsen, fallen urplötzlich um. Zu hohe Temperaturen und zu wenig Niederschläge in den vergangenen Jahren sind die Ursachen.

Ein Grauen, durch solche Wälder zu gehen. Das Unterholz vertrocknet. Auch die Pflanzen des Waldbodens größtenteils – verdorrt.

Gräser, Moose, Kräuter – alles grau in grau.

Doch gerade sie spielen eine große Rolle für das Zusammenleben der Pflanzen im Walde.

Peter Wohlleben, ein Förster und Autor, beschreibt in seinem Buch »Das geheime Leben der Bäume« interessante Aspekte, wie höhere und niedere Pflanzen miteinander kommunizieren.

Unser Hof ist mit Granitsteinen gepflastert. Zum Glück, denn durch die Lücken zwischen den Steinen kann Regenwasser in den Boden versickern. Um den Baumstamm unserer Esche ließen wir eine unversiegelte Fläche frei. Darauf wachsen lediglich niedere Bodendecker. Mit dem Spaten dort in die Erde zu dringen – keine Chance. Wurzelhärchen, verkrustet mit Erde, bilden knochenharte Ballen, die bis an die Oberfläche reichen und für den Baum gewiss eine wichtige Bedeutung haben.

Nach Paracelsus sind die Wurzeln »Haupt und Haar eines Baumes«. Dies wird uns hieran klar.

Auf unseren sandigen Böden in der Lausitz mit viel Nadelwäldern ist das Waldsterben besonders gravierend.

Keine Freude für Naturliebhaber und Spaziergänger.

Der wohl berühmteste deutsche Dichter Johann Wolfgang von Goethe (1749–1832) hinterließ uns ein kleines Gedicht, in dem seine innige Beziehung zur Natur zum Ausdruck kommt:

Ich ging im Walde so für mich hin,
und nichts zu suchen, das war mein Sinn.
Im Schatten sah ich ein Blümchen stehn,
wie Sterne leuchtend, wie Äuglein schön.
Ich wollt es brechen, da sagt es fein:
»Soll ich zum Welken gebrochen sein?«
Ich grub's mit allen den Würzlein aus,
zum Garten trug ich's am hübschen Haus.
Und pflanzt es wieder am stillen Ort,
nun zweigt es immer und blüht so fort.

Säen, pikieren, pflanzen. Düngen, pflegen.
Darauf beruhen Feld- und Gartenbau.
Jede Pflanze benötigt jedoch einen qualitativ spezifischen Boden.
Sauer, neutral oder basisch. Sandig oder lehmig. Trocken oder feucht. Sonnig oder schattig.
Wenn etwas davon nicht stimmt, wird sich kein üppiges Wurzelsystem ausbilden, der Pflanzenkörper, schwach und ohne Früchte, wird frühzeitig an Entwurzelung sterben.

Über Wurzeln beim Menschen

Der lebt nicht,
dessen Haupt nicht im Himmel steht,
auf dessen Brust nicht die Wolken ruhen,
dem die Liebe nicht im Schoß wohnt
und dessen Fuß nicht in der Erde wurzelt.

Clemens Brentano
1778–1842
Schriftsteller der deutschen Romantik

Heimkehr zur Wurzel heißt Stille.
Stille heißt Rückkehr zur Bestimmung.
Rückkehr zur Bestimmung heißt Ewigkeit.
Erkennen des Ewigen heißt Erleuchtung.

Laotse
Etwa 6. Jh. v.u.Z
Gelehrter des alten China

Gott ist eine Sehnsucht,
die tief im Herzen des Menschen wurzelt,
ist das erschauernde Ahnen,
das hinter den nie lösbaren Rätseln der Welt
irgendein großes geistiges Prinzip steht,
das die Vollendung ist,
das Gute und Ewige schlechthin.

Bruno H. Bürgel
1875–1948
Deutscher Schriftsteller

Wenn du dich als einen wiegenden Zweig
zu entdecken weißt, verbunden mit einem Baum,
tief verwurzelt in der Erde, wirst du in deinen
Bewegungen die Ewigkeit kosten.

Antoine de Saint-Exupery
1900–1944
Französischer Schriftsteller, Pilot

Die Menschenseele ist ein kleiner fliegender
Samenstaub, der einen guten Boden sucht,
um Wurzeln schlagen zu können und auch
Charakter zu werden.

Bettina von Arnim
1785–1859
Deutsche Schriftstellerin

Lass die Liebe in deinem Herzen wurzeln,
und es kann nur Gutes daraus hervorgehen.

Augustinus Aurelius
354–430
Kirchenlehrer

Wer seine Wurzeln nicht kennt,
kennt keinen Halt.

Stefan Zweig
1881–1941
Österreichischer Schriftsteller

Was sind menschliche Wurzeln?

Viele kluge Menschen aller Zeiten hinterließen Gedanken über Wurzeln bei Menschen und deren Bedeutung, ohne jegliche Hinweise über ihre Beschaffenheit zu geben.

Als grundlegende menschliche Urbedürfnisse gelten folgende:

Wurzeln schlagen

Wachstum

Geborgenheit

Über menschliche Wurzeln äußert sich Simone Weil konkreter, wenn sie schreibt, dass die Verwurzelung vielleicht das wichtigste und meist verkannte Bedürfnis der menschlichen Seele sei. Folgerichtig wäre dann, dass die Seele eines Menschen leidet, wenn die Wurzeln zerstört werden, denn ihr fehlt das, woraus sie ihre Lebensenergie schöpft.

Noch immer bleiben Fragen offen.

Wie könnten menschliche Wurzeln beschaffen sein?

Aus was für einen Stoff, aus welcher Materie bestehen sie?

Sind Wurzeln Energiebahnen unterschiedlichster Art?

Seidenfädig, bindfadenartig, seildick?

Im Körper eines Menschen?

Von Mensch zu Mensch?

Dem jeweiligen Milieu angepasst?

Energieströme – individuell, einzigartig.

Sind sie bevorzugt spürbar von Personen in einem vertrauten, angepassten Umfeld, sei es familiärer, religiöser oder geografischer Art?

Wurzeln des Menschen sind unsichtbar, mit den Sinnen nicht
zu erfassen, dennoch spürbar!
Verhält es sich nicht ebenso mit

Glauben?
Hoffnung?
Liebe?
Güte?
Mut?

Wurzeln schlagen

Der Ausdruck »Wurzeln schlagen« erscheint in der Literatur recht häufig. Doch auch im Volksmund ist dieser Begriff geläufig.
Was soll damit zum Ausdruck gebracht werden?
Wir fühlen uns integriert und anerkannt in einem Kreise gleichgesinnter Menschen.
Wurzeln bedeuten Heimatgefühl, Geborgenheit, Erfüllung.

Wurzeln schlagen ist ein Grundbedürfnis eines jeden gesunden Menschen.
Bereits seit früher Kindheit beginnen sich zarte Wurzeln zu bilden – Mutter, Vater, Umfeld.
Im Laufe der Entwicklung eines Kindes mit zunehmenden Lebenserfahrungen entsteht daraus ein umfangreiches Wurzelwerk, das nach Simone Weil die Seele – Herz und Hirn – speist.
Daraus resultiert die physische wie auch psychische Gesundheit.
Unter veränderten Lebensbedingungen können Wurzeln sehr leicht zerstört werden.
Wie könnte sich das Wurzelwerk regenerieren?
Egal, welchen Grades die Zerstörung ist, auf alle Fälle wird ein langer Atem benötigt.

Wurzeln können nur im Einklang mit dem Herzschlag neu wachsen. Um das zu erreichen, muss das Umfeld mit größter Sensibilität auf die Entwurzelten eingehen.

Wie sollten Menschen, die ihr Leben lang nach der Scharia, dem religiösen Gesetz des Islams, gelebt haben, in Kürze in einer völlig anders gearteten Gesellschaftsordnung, gläubigen Gemeinschaft Fuß fassen?

Entwurzelung

Kurz gefasst bedeutet das Entwurzeln beim Menschen Verlust von Heimatgefühl wie Geborgenheit, Integration, Wohlbefinden.

Zunächst eine etwas abartige Frage:
Sollte unser Planet auch entwurzelt sein?
Schneeschmelze am Nordpol, wodurch Eisbären ihre Nahrungsgrundlage verlieren.
Bedrohliches Aussterben von Pflanzen- und Tierarten rund um die Erde.
Ist sie eventuell ein wenig von ihrer richtigen Bahn bei der Umkreisung der Sonne abgekommen? Oder hat die Menschheit mit ihrer Gier, die Natur mehr und mehr zu beherrschen und auszurauben, alles vermasselt?
Und nun rächt sie sich!

Sengende Hitze verwandelt große Teile der fruchtbaren Erde Afrikas in knochenharten Boden, auf dem nichts mehr gedeiht, nichts mehr geerntet werden kann.
Wovon sollen sich die Bewohner dieser Landstriche ernähren?
Hals über Kopf ergreifen sie die Flucht, lassen alles, was für sie »Heimat« ist, zurück. Durch Wüsten, Stacheldrahtverhaue, durch das Mittelmeer in seeuntüchtigen Schiffen, wobei viele ihr Leben lassen müssen – Sehnsuchtsziel: Europa.
Viele von ihnen – Entwurzelte!

Überschwemmungen in Asien vernichten ganze Regionen und nehmen den Einwohnern alles, was ihnen lieb und teuer war.
Flucht! Wohin? Unermessliche Strapazen nehmen sie auf sich.
Einige schaffen es, von einem anderen Land aufgenommen zu werden – nicht immer freundlich, denn Probleme gibt es überall.

Oftmals zusammengepfercht dann in überfüllten Camps, versorgt mit dem Nötigsten an Nahrung und Kleidung, wird ihnen bewusst, was sie zurückließen, was ihnen bitter fehlt: Muttersprache, Freunde, Bekannte, das gewohnte Umfeld, Heimat. Alles weg!
Viele von ihnen – Entwurzelte!

Denken wir an die Kriegsgebiete, an den fürchterlichen Krieg Russlands gegen die Ukraine. Von einer Sekunde zur anderen – eine Bombe explodiert – Tote – ratlos Taumelnde auf den Straßen – zerstörte Wohnungen – zerplatzte Lebensträume.
Feuer – züngelnde Flammen, wohin das Auge reicht.
Wo sind Heimat, Geborgenheit, Sicherheit für die Überlebenden?
Viele von ihnen – Entwurzelte!

Jahrelanger Bürgerkrieg in Syrien.
Unzumutbare Bedingungen für die Lebenden dort. Flucht. Ziel: Europa.
Muslime, bisher streng nach der Scharia ausgerichtet, kommen in christlich geprägte Länder mit völlig anderen Normen des Familien- wie auch des Gemeinschaftslebens.
Viele von ihnen – Entwurzelte!

Trends in unserem Land:
Äußerst kleine Familien, Alleinerziehende – Mütter wie auch Väter – Singles im Aufwind.
Menschen sind geprägt, in einer stabilen Gemeinschaft zu leben, die sie mit all ihren Stärken und Schwächen integriert.
Was ist geschehen, dass diesbezüglich vieles aus den Fugen geriet?
Viele von ihnen – Entwurzelte!

Entwurzelung in Europa!
Entwurzelung – die schlimmste Krankheit der menschlichen
Gesellschaft!
Voll angekommen!

Gleichgültigkeit

DER GEGENSATZ VON LIEBE IST
NICHT HASS,
DER GEGENSATZ VON HOFFNUNG
IST NICHT VERZWEIFLUNG,
DER GEGENSATZ VON GEISTIGER
GESUNDHEIT
UND VON GESUNDEM
MENSCHENVERSTAND
IST NICHT WAHNSINN,
DER GEGENSATZ VON ERINNERUNG HEISST
NICHT VERGESSEN, SONDERN ES IST
NICHTS ANDERES ALS JEDES MAL
DIE GLEICHGÜLTIGKEIT.

ELIE WIESEL

FÜRCHTE DICH NICHT VOR DEINEN
FEINDEN,
IM SCHLIMMSTEN FALL
KÖNNEN SIE DICH TÖTEN.
FÜRCHTE DICH NICHT VOR DEINEN
FREUNDEN,
IM SCHLIMMSTEN FALL
KÖNNEN SIE DICH VERRATEN.
FÜRCHTE DICH VOR DEN GLEICHGÜLTIGEN,
WEDER TÖTEN UND VERRATEN
SIE,
ABER NUR MIT IHRER STILL-
SCHWEIGENDEN ZUSTIMMUNG
GIBT ES AUF DER WELT
MORD UND VERRAT.

ELIE WIESEL

Besuch einer Kreuzchorvesper
in Dresden

Hans liegt grippekrank im Bett.

Schlapp, angeschlagen auch ich. Wo finde ich etwas Erbauliches in dieser Misere? Ich greife zu meinem Tagebuch, ein spontan geführtes Sammelsurium aus Daten mit besonderen Ereignissen neben allerhand Gedrucktem wie Kalenderblätter mit Sprüchen, besonders erfreuliche Ansichtskarten von Bekannten …

Beim Durchblättern fällt mir ein Schriftstück in die Hand, postkartengroß, mit Blockschrift bedruckt, abgegriffen, vergilbt, gewiss Jahrzehnte alt. Ich lese hastig:

Fürchte dich nicht vor deinen Feinden …

Fürchte dich nicht vor deinen Freunden …

Fürchte dich vor den Gleichgültigen …

Ich bin bestürzt. Wer schreibt denn so etwas?

Elie Wiesel?

In meinem Kopf rumort es, bis sich schließlich im Computer meines Hirns etwas bewegt und mir Erinnerungen über Erinnerungen ausschüttet.

In den achtziger Jahren besuchten wir, Hans und ich, beide als Chemielehrer im ländlichen Bereich nahe Dresden tätig, regelmäßig die Kreuzchorvespern.

Links vom Haupteingang in einem kleinen Raum fanden immer recht interessante Ausstellungen statt, die wir uns nie entgehen ließen.

Meist lagen dabei Materialien zum Mitnehmen aus. Einmal fanden wir Karten mit Texten von Elie Wiesel.

Wir sahen uns verständnislos an.

Elie Wiesel – uns beiden unbekannt. Doch eine Vita an der Wand informierte uns kurz über sein Leben. Wir erfuhren, dass er ein Mann jüdischer Herkunft war.

Sofort läuteten bei mir die Alarmglocken!
Erst vor kurzem hatte ich mit meiner achten Klasse das Konzentrationslager Sachsenhausen besucht. Dort wurde uns ein Film gezeigt, der die Grausamkeiten des Naziregimes eindrucksvoll vor Augen führte. Unbescholtene Menschen – vernichtet.

Eine Schülerin von mir brach während der Filmvorführung zusammen.
Niemals werde ich diesen Tag vergessen!
Vielleicht war es dieser Vorfall, der mich bewegte, die Texte von Elie Wiesel mit nach Hause zu nehmen.

Mit Bestürzung stelle ich fest, dass Elie Wiesels Anliegen, vor den Gleichgültigen, Gleichgültigkeit jeglicher Art mit Nachdruck zu warnen, auch heute noch beziehungsweise schon wieder hochaktuell ist.

Elie Wiesel

Er wurde 1928 als Sohn eines jüdischen Kaufmanns im Königreich Rumänien geboren. Er wuchs in seinem Geburtsort auf und besuchte dort die Schule, bis 1944 deutsche Faschisten seine gesamte Familie ins Konzentrationslager Auschwitz deportierten. Elie Wiesel kam später ins Konzentrationslager Buchenwald, aus dem er am 11. April 1945 von US-amerikanischen Truppen befreit wurde. Als sich Wiesel nach seiner Befreiung das erste Mal in einem Spiegel betrachtete, schrieb er in seinem »Spiegelerlebnis« darüber: »Aus dem Spiegel blickte mich ein Leichnam an. Sein Anblick verlässt mich nicht mehr.«

Nach dem Zweiten Weltkrieg ging Wiesel nach Straßburg und lernte Französisch. Danach studierte er an der Sorbonne in Paris. Er arbeitete als Korrespondent bei verschiedenen Zeitungen wie auch als Berichterstatter bei den Vereinten Nationen in New York. Im Jahr 1963 siedelte er in die USA über und wurde amerikanischer Staatsbürger, wo er im Jahr 2016 starb.

Als Hochschullehrer, Publizist, Schriftsteller beschrieb er in seinen Werken die Schreckenserlebnisse des Holocausts. 1986 erhielt er den Friedensnobelpreis für seine Vorbildfunktion im Kampf gegen Gewalt, Unterdrückung und Rassismus.

Mit Nachdruck hinterfragte Wiesel Verhaltensmuster der Menschen. Besonders fokussierte er seine Fragen auf die »Gleichgültigkeit«.

Holocaust-Gedenktag

Am 27. Januar 1945 befreite die Rote Armee das Konzentrationslager Auschwitz.
Dieser Ort – ein Synonym für Holocaust schlechthin.
Zeitweise wurden dort täglich tausende jüdische Menschen vergast und verbrannt.
Männer, Frauen, Kinder, Alte, Junge – ohne jegliche Verbrechen begangen zu haben, ohne die geringste Aburteilung.
Wie werden die wenigen Überlebenden – Skelette nur aus Haut und Knochen, Halberfrorene an diesem kalten Januartag barfuß in Schnee und Eis, beinahe nichts mehr fühlend – eine Rettung herbeigesehnt haben?
Können wir deren Gefühle mehr als 70 Jahre später nur annähernd nachempfinden?
Wir fragen uns heute voller Entsetzen:
Was empfanden diejenigen, die den Häftlingen tagtäglich menschenunwürdige Bedingungen, unsagbare Ängste, Not und Schmerzen aufzwangen?
Menschen organisierten damals solch ein Leben für Menschen aus Fleisch und Blut wie sie selbst!

Was fühlten diese Schergen dabei?
Gehorchten sie aus Angst, sonst selbst Schaden zu nehmen?
Waren sie Sadisten, die Spaß an der Qual anderer empfanden?
Menschen ohne Empathie, ohne Mitgefühl für die Gefangenen?
Leere, ausgelöschte Stellen im Hirn?
Gleichgültigkeit!

Dokus mit Originalaufnahmen zeigen, dass sich damals viele freiwillig einer solchen schmutzigen Aufgabe stellten.
Allesamt Sadisten, Hirngeschädigte, Gleichgültige?

Die Aufseherin –
Der Fall Johanna L.

Ein TV-Film – ausgestrahlt im Januar 2022.

Sie – Witwe, Mutter eines unehelichen Sohnes – bewirbt sich als Aufseherin für das Konzentrationslager Ravensbrück. Bald wird sie Oberaufseherin.

Dort befinden sich Frauen unterschiedlichen Alters aus Polen und Deutschland, die in irgendeiner Form Widerstand gegen das Naziregime geleistet hatten.

Im Rückblick wird sie von diesen Frauen als eine Aufseherin beschrieben, die aus dem Raster der übrigen Aufseherinnen fiel. Sie wirkte wie eine gutartige Hausfrau, die versuchte, für ihre Insassen das Leben dort so erträglich wie möglich zu gestalten. Völlig unterschiedlich jedoch verhielt sie sich jüdischen Frauen gegenüber. Da wurde sie auf einmal zu einer ganz anderen Person, keinen Deut besser als die übrigen Aufseherinnen.

Ist es tatsächlich möglich, Menschen durch Propaganda, durch ständige Beeinflussung so zu manipulieren, Juden nicht einmal mehr die Luft zum Atmen zu gönnen?

Ist es tatsächlich möglich, den Schalter human/inhuman entsprechend eventuellen Vorteilen und den an sie gestellten Forderungen so resolut betätigen zu können?

Es ist möglich! Es ist nichts als Gleichgültigkeit!

Wannsee-Konferenz

Im Januar 1942 trafen sich hochrangige deutsche Vertreter aus Politik, Militär und Wirtschaft in einer Villa in Berlin-Wannsee zu einer Konferenz, die unter dem Namen Wannsee-Konferenz in die Geschichte einging.
Einziges Thema: Endlösung der Judenfrage.
Am 24. Januar 2022 – 80 Jahre später – lässt uns das ZDF dieses unglaubliche Ereignis am Fernsehschirm noch einmal miterleben.

Großer Wannsee in Berlin.
Am Ufer desselben – prachtvolles Gebäude eines deutschen Industriellen.
Das Interieur des Konferenzraumes akribisch genau der damaligen Zeit nachempfunden. Großräumig. Von oben bis unten getäfelt mit edlem Holz. Mobiliar vom Feinsten.
Bei Betreten des Zimmers wird der Blick von einer attraktiven, außergewöhnlich großen Fensterfront eingefangen, durch die ein gepflegter Garten, Harmonie verbreitend, sichtbar wird.

Hier also versammelten sich die geladenen Personen.
Allesamt deutsche Politiker, Militärs, Industrielle.
Allesamt – maßgeschneidert gekleidet.
Allesamt – Experten.
Allesamt – materiell optimal versorgt.

Auch eine Frau ist im Konferenzsaal. Kalt wie eine Marmorsäule unbestimmten Alters stenografiert sie eifrig jedes gesprochene Wort, gibt organisatorische Hinweise, etwa wo man sich mit Kaffee, Tee, Cognac etc. bedienen kann.
Eifrige Diskussionen der Anwesenden.

Jeder versucht möglichst sein Gesicht zu wahren, um die vielen Aspekte dieses brisanten Themas schnell und konfliktlos abhaken zu können.

Nur von wenigen Teilnehmern aus der Wirtschaft – zaghafte Hinweise, ob denn das alles auch mit den gesetzlichen Bestimmungen konform gehe.

Erstaunte Gesichter rufen ohne Zögern zum Einlenken.

Jeder, der hier ist, kennt doch das Ziel von vornherein! Wozu noch Einwände!

Mit keiner Silbe kommt auch nur ansatzweise im Gespräch zum Ausdruck, welche Verdienste deutsche Juden wie z.B. Wissenschaftler, Mediziner, Künstler haben.

Äußerst sachliche Diskussionen rundum.

Worüber reden sie eigentlich?

Über Menschen aus Fleisch und Blut, die fähig sind zu denken, zu fühlen, vernünftig zu handeln etc.?

Geht es hier tatsächlich nur um den Bau von Gebäudekomplexen, deren Baupläne, Lage, Materialien, Architektur etc.?

Um die Logistik bei der Deutschen Reichsbahn?

Einziges Ziel:

Vernichtung jüdischer Menschen – so viel wie möglich in kürzester Zeit!

Am Ende dann das gewünschte Ergebnis:

Alle Teilnehmer mit einem klaren Votum dafür!

Anders dann das Verhalten der Anwesenden dieser berüchtigten Konferenz in den Pausen.

Bei einem Tässchen Kaffee oder Tee, einem Gläschen Cognac oder Schampus steht man gemütlich beisammen im hübschen Garten am Wannsee.

Zu zweit oder dritt wird man ganz familiär.

»Na, wie steht es denn um den Nachwuchs?«
»Sind alle gesund?«
»Was gedenkt der Herr Sohn zu studieren?«
Welch ein Dschungel von Widersprüchen!

Sie alle werden nach dem Ende des Zweiten Weltkrieges bei den Kriegsverbrecherprozessen vehement behaupten, nur ihrer Pflicht gemäß und nicht anders gehandelt zu haben! Gleichgültigkeit par excellence!

Hüte dich vor den Gleichgültigen

Was heißt »gleichgültig«?
Alles gilt gleich?
Jegliches hat die gleiche Wertigkeit?
Ob da in einer bestimmten Situation eingegriffen wird oder nicht, verworfen oder anerkannt, gerettet oder getötet wird – alles ist erlaubt!
Egal ob Hilfe oder Mord!

Schattierungen gleichgültigen Verhaltens:
Laschheit, Abgestumpftheit, Lauheit allem gegenüber, Menschen wie auch Tieren und Pflanzen.
Herzenskälte bis hin zu Empfindungslosigkeit den Mitmenschen gegenüber.
Nerven, in Hartfett verpackt, unfähig, Reize aus der Umwelt zu dem Hirnabschnitt zu leiten, der Emotionen wahrnimmt und adäquate Handlungen in Bewegung setzt.
Kein Zusammenspiel zwischen Herz und Hirn – Leere, Gefühllosigkeit, bar jeglicher Emotionen, zu Kälte erstarrtes Mitgefühl – Schockstarre.

Mögliche Ursachen für gleichgültiges Handeln:
- Formen von egoistischem Verhalten als Resultat einer emotionsarmen Veranlagung beziehungsweise einer   Erziehung durch Vorbilder, die gleichgültiges Verhalten zementieren.
- Ängste, Kraftlosigkeit, Hilflosigkeit .

Ausdrucksformen für Gleichgültigkeit:
- Gaffende Menschen versperren die Zufahrt zum Unglücksort.
- Aggressive Jugendliche greifen Unschuldige auf Straßen, in

öffentlichen Verkehrsmitteln an. Augenzeugen, Passanten lassen es geschehen, ohne einzugreifen.

Jegliches sinnlose, gedankenlose Isolieren, Diffamieren, Diskriminieren von Menschen ist im tiefsten Sinne auf Gleichgültigkeit zurückzuführen.

Elie Wiesel wie auch viele seiner jüdischen Mitmenschen haben während des Naziregimes alle Formen von Gleichgültigkeit am eigenen Leibe erfahren müssen!

Der Antisemitismus in all seinen Schattierungen lebt weiter!
2022. Ein Bürger fährt mit seinem Auto, welches mit einer israelischen Fahne geschmückt ist, durch die Straßen von Berlin-Neukölln. Das Fahrzeug wird gestoppt. Eine Gruppe wütender Jugendlicher bespuckt Fahrer und Fahrzeug.
Passanten gehen teilnahmslos vorüber.

WEHRET DEN ANFÄNGEN!

Leere

ALLES, WAS GESCHIEHT, GEHT DICH AN!

NEIN. SCHLAFT NICHT, WÄHREND DIE
ORDNER DER WELT GESCHÄFTIG SIND!
SEID MISSTRAUISCH GEGEN IHRE MACHT,
DIE SIE VORGEBEN, FÜR EUCH
ZU ERWERBEN!
WACHT DARÜBER, DASS EURE HERZEN
NICHT LEER SIND, WENN MIT DER
LEERE EURER HERZEN
GERECHNET WIRD!
TUT DAS UNNÜTZE, SINGT DIE LIEDER,
DIE MAN AUS EUREM MUNDE
NICHT ERWARTET!
SEID UNBEQUEM!
SEID SAND, NICHT DAS ÖL
IM GETRIEBE DER WELT!

(nach Günter Eich)

Günter Eich

Getriebe benötigen Öl.
Mit Sand geht es nicht gut.
In meinem Tagebuch finde ich eine Aufforderung von
Günter Eich, welche lautet:
Seid Sand, nicht Öl im Getriebe der Welt.

Günter Eich, ein deutscher Lyriker und Hörspielautor, lebte im
zwanzigsten Jahrhundert.
Zu seinen bekanntesten Werken gehören die Nachkriegsgedichte
»Inventur« und »Latrine«, weiterhin das Hörspiel »Träume« so-
wie die Prosasammlung »Maulwürfe«.
In Letzterem hinterfragt er vor allem, inwieweit die schreck-
lichen Erlebnisse des Naziregimes und des Zweiten Weltkrieges
von den Menschen verarbeitet wurden.

Er lebte in Westdeutschland, zum Schluss in Österreich, wo er
1972 in Salzburg starb.

Evangelische Akademie
Berlin-Weißensee

Wir trafen Günter Eich in den sechziger Jahren bei einer Lesung in der Evangelischen Akademie Berlin-Weißensee.
Wir arbeiteten damals als Pädagogen in den Fächern Chemie und Biologie.
Von Jahr zu Jahr fühlten wir uns mehr und mehr eingeengt von der sozialistischen Ideologie, von deren wahrem Kern sich die Politik unseres Staates immer weiter entfernte. Wir suchten nach Schlupflöchern, um frei atmen und denken zu können.
Berlin – nicht weit gelegen von unserem Wohnort.
Wir nutzten jede Gelegenheit, um dort ein wenig Weltoffenheit zu erfahren. Vor allem Berlins Kulturszene genossen wir in vollen Zügen.
Nachdem im August 1961 die Berliner Mauer den westlichen von dem östlichen Teil trennte, war all unser Kontakt zu Westberlin abgeschnitten.
Glücklicherweise gab es die Evangelische Akademie Berlin-Weißensee, wo trotz der Mauer auch weiterhin hochrangige Persönlichkeiten aus Westdeutschland und anderen westlichen Ländern mitwirken durften.
Dort erlebten wir den Physiker und Philosophen Carl Friedrich von Weizsäcker, die Theologin Dorothee Sölle, den Theologen Martin Niemöller sowie die bekannten deutschen Schriftsteller Heinrich Böll und Günter Eich.

Seid Sand, nicht Öl im Getriebe der Welt

Sooft wir es ermöglichen konnten, fuhren wir nach Berlin-Wei-
ßensee zu Lesungen oder Seminaren.
Dort hatten wir das Glück, Günter Eich zu erleben.
Er las aus seinen Werken – teils Prosa, teils Lyrik.
Ich war fasziniert und zückte sofort meinen Notizblock.
Heute bin ich erstaunt darüber, was ich in aller Schnelle steno-
grafiert und danach zu Hause sogleich meinem Tagebuch an-
vertraut habe:

Alles, was geschieht, geht dich an!
Nein, schlaft nicht, während die Ordner der Welt
geschäftig sind, …
Seid misstrauisch gegen ihre Macht, …
Wacht darüber, dass eure Herzen nicht leer sind,
wenn mit der Leere eurer Herzen gerechnet wird! …
Seid unbequem, seid Sand, nicht das Öl im Getriebe der Welt!

In den ersten Jahren nach Gründung der DDR waren wir nicht
Sand in unserem sozialistischen Staat, sondern dankbar dafür,
dass wir als Arbeiter-und-Bauern-Kinder unser Abitur ablegen
und danach studieren durften.
Als Lehrer danach gaben wir unser Bestes und beteiligten uns
aktiv am Aufbau des Sozialismus, auch wenn uns einiges missfiel.
So mussten wir als Parteilose am Parteilehrjahr der SED teil-
nehmen.
Hautnah erlebten wir die schlimmen Auswüchse bei der Kollek-
tivierung der Landwirtschaft.
Tränen über Tränen!
Für uns als Christen erschreckend:
Besonders Jugendweihe versus Konfirmation!

Leere der Herzen

Ohne Öl funktioniert kein Getriebe.
Sand bringt es zum Stocken, zerstört es.
Gegen den Strom schwimmen?
Das ist schwer, erfordert Kraft, Durchhaltevermögen!

Ich? Eher leidensscheu mit geringem Selbstwertgefühl.
Warum schrieb ich mir die Worte von Günter Eich in mein Tagebuch?
Hatte sich das Wort »Leere« in meinem Hirn verankert?
Eine Aufforderung? Eine Warnung? Wovor?

Den Deutschen ging es wieder gut nach der Zeit des Faschismus, nach dem Zweiten Weltkrieg.
Weder in der BRD noch in der DDR fehlte es kaum einem Menschen an Lebensnotwendigem.
Horror. Bombennächte. Leichenberge im KZ … Flüchtlinge ohne Bleibe. Hunger. Ruinen. Kälte.
Alles vergessen?
Volle Zufriedenheit sollte herrschen!

Günter Eich beobachtet mehr.
Er sieht, wie die Sättigung den Menschen nicht bekommt, wie es bereits wieder in unseren Ländern rumort.

Maulwürfe, die ihre eigenen Bahnen ziehen, sich auf Kosten anderer bereichern, Ideologien entwickeln, die polarisieren und einengen, anstatt die volle Entfaltung von Menschen im Auge zu haben.
Ergebnis: Frustration! Leere!

Leere? Was heißt das?

Ein leeres Herz legt den gesamten Organismus lahm.

Leere der Lunge lässt ersticken.

Kein Denken mit leerem Hirn.

Günter Eich spricht von der Leere der Herzen.

Was meint er damit?

Mit Sicherheit nicht das Herz als Organ, Blutpumpe unseres Körpers, sondern das menschliche Herz als Inbegriff allen Denkens, Wahrnehmens, Fühlens.

Wenn dieses Zentrum auf Dauer eingeengt, belastet, bevormundet wird, dann gibt es Probleme. Es wird gelähmt, bringt nichts Eigenes mehr hervor, führt Befehle ohne innere Anteilnahme aus.

Leere! Gleichgültigkeit!

Trotz Wohlstands – im Inneren gähnende Fadheit! Menschen, die nicht selbst wollend tun, sondern anderen das Denken überlassen:

»Lass sie machen! Mir geht's ja recht gut.«

Günter Eich mahnt: »Seid nicht leer, wenn mit der Leere eurer Herzen gerechnet wird!«

Hinterlassenschaft der Weltkriege

Unvorstellbare Gräueltaten während der Weltkriege des letzten
Jahrhunderts!
Was ist da mit Menschen geschehen?
Geburt einer neuen »Homo species«?
Gewissenlos?
Manipuliert bis hin zu hirnamputiert?
Hochgradig egoistisch?
Grausame Verbrechen zulassend?

So etwas sollte nie in Vergessenheit geraten!
Doch wie sieht es heute aus?
Krieg – in vollem Gange.
Rassendiskriminierung – brisant.
Antisemitismus – beängstigend!
Rechtsextremismus – im Aufwind!

Die DDR in den sechziger Jahren

Was ließ uns während der Lesung von Günter Eich bei dem Wort
»Leere« aufhorchen? Wo die Ursachen für unsere Leere?
Wir wurden geführt von der Wiege bis zur Bahre.
Alles wunderbar leicht, solange wir der Ideologie der allmächti-
gen Partei SED folgten, die mehr und mehr alle Lebensbereiche
vereinnahmte.
Bekenntnis zum Atheismus – einbegriffen.
Glaube – Opium fürs Volk.
Viele DDR-Bürger hatten damit kein Problem.
Jeder bekam Arbeit. Für Freizeitgestaltung wurde gesorgt. In
sozialistischen Kollektiven – häufiges und fröhliches Feiern.
Kirche? Glaube? Wozu?

Hier begann unser Problem.
Wir hatten uns während des Studiums für Pädagogik am Päda-
gogischen Institut in Mühlhausen/Thüringen kennen und lieben
gelernt.
Dort besuchten wir oft Orgelkonzerte in einer alten Kirche, in der
bereits Bach als Organist tätig war. Wir genossen die Kirchen-
musik alter Meister. Weiterhin beschäftigten wir uns damals in-
tensiv mit der Architektur von Kirchen. In dieser kulturreichen,
geschichtsträchtigen Stadt Thüringens mit 14 Kirchen konnten
wir vor Ort viel über Romanik und Gotik hautnah erfahren.

Von 1955 bis in die neunziger Jahre arbeiteten wir beide als Leh-
rer, allezeit Mitglied der evangelischen Kirche, woraus wir nie
einen Hehl machten. Wir besuchten vor allem an kirchlichen
Feiertagen die Gottesdienste, pflegten eine gute Nachbarschaft
mit der Familie des Pfarrers, interessierten uns gemeinsam
sehr für Literatur. So trafen wir uns abends oftmals und lasen

Dramen mit verteilten Rollen – Goethes »Faust«, Brechts »Leben des Galilei«, auch hochmoderne Werke wie »Antigone« von dem französischen Schriftsteller Anouilh.

Die DDR in den sechziger Jahren – fokussiert auf sozialistisches Leben in allen Bereichen.
Die größeren Betriebe – volkseigen.
Die Landwirtschaft – nahezu kollektiviert.
Atheismus auf dem Vormarsch.
Junge Menschen wurden durch die Jugendweihe mit dem Gelöbnis zum Sozialismus schon früh auf diese Form des Zusammenlebens eingeschworen.
Unabhängig von ihrer Einstellung erwartete man von jedem Lehrer, dass möglichst alle Schüler zur Jugendweihe geführt wurden. Als Klassenleiter begleiteten wir unsere Achtklässler bei den Jugendstunden bis zur Jugendweihe.
Wir besuchten allerdings auch den Gottesdienst zur Konfirmation der wenigen Schüler, die nicht an der Jugendweihe teilnahmen.
Das war uns ein tiefes Bedürfnis!
Staatlicherseits unerwünscht.
Für uns begann eine schwere Zeit!

Gratwanderung über Jahre

Vom Dienst suspendierte Lehrer bekamen kaum eine angemessene Arbeit. Deshalb nahm Hans ein über sieben Jahre laufendes Fernstudium an der TU Dresden bei voller beruflicher Tätigkeit auf. Mit der Qualifikation als Diplom-Chemiker hatte er nun bei einer eventuellen Entlassung die Möglichkeit, in einem adäquaten Industriezweig unterzukommen.

Ende der sechziger Jahre spitzte sich das Verhältnis unseres sozialistischen Staates zur Kirche noch einmal deutlich zu. Schüler aus Hans' zwölfter Klasse bekamen auf Grund ihrer aktiven Teilnahme in der »Jungen Gemeinde«, in der sich christliche Jugendliche trafen, Probleme. Diese teilten sie ihrem Klassenleiter mit. Hans trat kurz entschlossen der CDU bei, obgleich er diese Partei nicht sonderlich schätzte, agierte sie doch im Schlepptau der SED.
Doch ihm kam es auf den Buchstaben »C« an.
Damit glaubte er, die Möglichkeit zu erhalten, sich ganz offiziell für diese Schüler einzusetzen.
Was er auch tat!
Einer von ihnen besuchte uns später einmal und berichtete voller Stolz, dass er der jüngste Superintendent in der DDR sei.

Am Grab

Nun sind wir alt.

Immer öfter müssen wir von Freunden Abschied nehmen, die uns lieb waren, unsere Probleme kannten und uns verstanden.

So stehen wir vor Siegfrieds Grab, eines für uns sehr bedeutenden Menschen. Er war für lange Zeit Hans' Vorgesetzter als Direktor einer Erweiterten Oberschule, in der Schüler bis zum Abitur unterrichtet wurden.

Siegfried wusste von unserer sogenannten Verfehlung im Hinblick Kirche, tolerierte sie und ließ sogar freundschaftliche Beziehungen zu.

Mit einer großen Blumenschale stehen wir – seine Witwe, Hans und ich – vor seinem Grab und überbringen ihm einen letzten Gruß.

Stille.

Jeder hängt seinen Gedanken nach. Leise säuselt der Wind im Geäst der riesigen Eiche, unter der er sich seine Ruhestätte gewünscht hatte.

Ergriffen lassen wir die vielen schönen gemeinsamen Stunden an uns vorüberziehen. Vorbei! Für immer!

Ich finde zuerst die Sprache wieder:

»Weißt du, lieber Siegfried, wie dankbar wir sind, dass es dich gab!«, rufe ich spontan dem Verstorbenen zu. »Du hast uns nie verurteilt, für naiv erklärt, obgleich dir sehr wohl bekannt war, dass wir gläubig sind. In deiner Nähe fühlten wir uns wohl, auf Augenhöhe! Das werden wir dir nie vergessen!«

Jetzt ergreift Siegfrieds Witwe, auch eine ehemalige Kollegin von Hans, das Wort:

»Ihr glaubt gar nicht, wie oft wir euch beneidet haben, dass ihr alle Zeit fest zu eurem Glauben gestanden habt. Ja, beneidet haben wir euch!«

Hier ersticken Tränen ihre Stimme. Dann fährt sie fort:

»Noch im Krankenhaus vertraute Siegfried mir an, dass er kein Atheist sei, Atheismus sei ein ganz schlechtes Wort!«

Wir – wie erstarrt vor dem Grab des Verstorbenen.

Doch unser Herz weitet sich.

Leise spricht die Frau weiter: »Ich bin auch keine Atheistin, wurde christlich erzogen, doch ich weiß nicht, wo ich eine Heimat für meinen Glauben finden könnte!«

Da bewegt sich der Boden unter unseren Füßen.

Eine unglaubliche Geschichte!

Beschnittenes Leben!

Unsere lieben Freunde – einige von wenigen, bei denen trotz 40-jähriger DDR-Zeit das Glutbett des Glaubens nicht erlosch.

Doch was geschah mit den vielen anderen?

Generationen, denen von Kind an der Atheismus regelrecht eingeimpft wurde, die Weihnachten und Ostern feiern, ohne den christlichen Hintergrund zu kennen, denen jeglicher Zugang zum Glauben fehlt!

Nachklang

Seid nicht leer, wenn man mit der Leere
eures Herzens rechnet!
Seid Sand im Getriebe!
So mahnte Günter Eich.

Wie oft waren wir leer?
Wie oft Öl im Getriebe?
Froh darüber, dass wir über die Runden kamen!
Geschwiegen, wo wir hätten aufbegehren sollen!

Gott möge uns verzeihen!

Neujahrsmorgen 2023

Ein altes Ehepaar sinnt beglückt über die gelungene Silvesterfeier nach.

Dann die ersten Meldungen aus dem Rundfunk.

Erschreckend!

Randale in der Silvesternacht unglaublichen Ausmaßes!

Wie ist das möglich?

Probleme – weltweit.

Migration! Pandemie! Krieg!

Kamen wir aber in unserem Land nicht glimpflich davon?

Die Autoren durchforsten ihr Leben.

Zweiter Weltkrieg – als Kinder.

Karge Nachkriegszeit.

In der 40-jährigen DDR-Zeit arbeiteten beide als Lehrer für Naturwissenschaften.

Bei ihrem Streifzug durch die Jahrzehnte ihres gemeinsamen Lebens stoßen sie wiederholt auf drei Begriffe, denen sie besondere Aufmerksamkeit widmen:

Entwurzelung

Gleichgültigkeit

Leere